Sumário

I0428129

ALEXANDRE SILVA
Advocacia & Consultoria Jurídica

1 – Introdução

CONTEXTUALIZAÇÃO DA RESPONSABILIDADE TRIBUTÁRIA DOS SÓCIOS NA EMPRESA FAMILIAR

A empresa familiar é uma estrutura empresarial com características únicas, onde os laços familiares se entrelaçam com as atividades de negócios. No entanto, uma questão importante que os sócios devem enfrentar é a responsabilidade tributária decorrente das obrigações fiscais da empresa. A legislação tributária estabelece que os sócios podem ser responsabilizados pelos débitos tributários da empresa, mesmo que estes não tenham participado diretamente da gestão ou cometido qualquer infração fiscal.

A responsabilidade tributária dos sócios é uma medida adotada pelo Estado para assegurar o cumprimento das obrigações fiscais e evitar a evasão fiscal por meio da utilização da estrutura societária da empresa familiar. A legislação tributária prevê diferentes formas de responsabilização dos sócios, como a responsabilidade solidária e subsidiária, que serão exploradas nos próximos subtópicos.

IMPORTÂNCIA DO PLANEJAMENTO SUCESSÓRIO E PATRIMONIAL NA REDUÇÃO DA RESPONSABILIDADE TRIBUTÁRIA

Para evitar ou minimizar a responsabilidade tributária dos sócios na empresa familiar, é fundamental adotar medidas de planejamento sucessório e patrimonial adequadas. O planejamento sucessório tem como objetivo garantir a continuidade da empresa familiar em caso de sucessão familiar, enquanto o planejamento patrimonial visa proteger o patrimônio dos sócios.

Ao implementar estratégias de planejamento sucessório e patrimonial, os sócios podem criar uma estrutura societária eficiente que limite a responsabilidade tributária, proteja o patrimônio familiar e facilite a transição de poder e propriedade para as próximas gerações. Dessa forma, é possível evitar situações de endividamento da empresa que possam comprometer o patrimônio pessoal dos sócios.

O planejamento sucessório e patrimonial envolve diversas medidas, como a estruturação societária adequada, a utilização de holdings e empresas de administração de bens, a separação patrimonial entre os sócios e a empresa, bem como a adoção de pactos de não persecução patrimonial. Além disso, o planejamento tributário também desempenha um papel fundamental nesse contexto, permitindo a escolha do regime tributário mais adequado e a utilização de benefícios fiscais.

É importante ressaltar que o planejamento sucessório e patrimonial deve ser realizado de forma ética e dentro dos limites legais, buscando sempre a conformidade com as normas tributárias. Nesse sentido, a assessoria jurídica especializada desempenha um papel fundamental, fornecendo orientações adequadas e seguras para os sócios da empresa familiar.

Em suma, a responsabilidade tributária dos sócios na empresa familiar pode ser mitigada por meio de um planejamento sucessório e patrimonial bem estruturado. Ao adotar medidas adequadas, os sócios podem proteger seu patrimônio pessoal e garantir a continuidade do negócio familiar, evitando transtornos decorrentes de dívidas tributárias. No próximo tópico, serão explorados os diferentes tipos de responsabilidade tributária dos sócios, bem como os limites e condições para sua responsabilização.

2 – Princípio da Entidade e Confusão Patrimonial

O Princípio da Entidade é um conceito fundamental no direito empresarial e tributário, que estabelece a separação legal entre o patrimônio da pessoa jurídica e o patrimônio de seus sócios.

Na contextura das empresas familiares, compreender esse princípio é crucial para evitar a Confusão Patrimonial, que ocorre quando os limites entre os ativos e passivos pessoais dos sócios e os da empresa se tornam indistintos.

Esse capítulo explora a importância do Princípio da Entidade, os riscos da Confusão Patrimonial e as medidas para sua prevenção.

PRINCÍPIO DA ENTIDADE E SUAS IMPLICAÇÕES

O Princípio da Entidade estabelece que a empresa, como pessoa jurídica, possui uma identidade própria e distinta de seus sócios. Isso significa que as obrigações, responsabilidades e patrimônio da empresa são separados dos bens pessoais dos sócios. O respeito a esse princípio é crucial para proteger os interesses de ambas as partes e manter a integridade do sistema empresarial e tributário.

- **Limitação da Responsabilidade:** O Princípio da Entidade permite que os sócios não sejam pessoalmente responsáveis pelas dívidas e obrigações da empresa, além do valor de suas participações no capital social.
- **Proteção Patrimonial:** A manutenção dos patrimônios separados protege os bens pessoais dos sócios em caso de dificuldades financeiras da empresa.

CONFUSÃO PATRIMONIAL E SEUS RISCOS

A Confusão Patrimonial ocorre quando não se mantém a distinção clara entre os patrimônios da empresa e dos sócios. Isso pode ser resultado de práticas contábeis inadequadas, como a mistura de recursos financeiros ou o uso de ativos da empresa para fins pessoais.

- **Riscos de Responsabilidade:** A Confusão Patrimonial pode levar a que os bens pessoais dos sócios sejam utilizados para quitar dívidas da empresa, rompendo o princípio de limitação da responsabilidade.
- **Desconsideração da Personalidade Jurídica:** Em situações extremas, os tribunais podem desconsiderar a personalidade jurídica da empresa e imputar a responsabilidade aos sócios, ignorando a proteção patrimonial.

ESTRATÉGIAS PARA PREVENIR A CONFUSÃO PATRIMONIAL

A prevenção da Confusão Patrimonial é essencial para manter a integridade do Princípio da Entidade e evitar riscos legais e tributários. Algumas estratégias eficazes incluem:

- **Manutenção de Registros Separados:** Manter registros contábeis precisos e separados para a empresa e para os sócios, evitando a mistura de recursos financeiros.
- **Transações Formais:** Realizar transações entre a empresa e os sócios de maneira formal e documentada, estabelecendo os termos e as condições claramente.
- **Remuneração Adequada:** Estabelecer salários ou retiradas formais para os sócios, evitando o uso indiscriminado dos ativos da empresa.
- **Governança Corporativa:** Implementar práticas de governança que reforcem a separação entre os interesses dos sócios e os da empresa.
- **Educação e Conscientização:** Educar os sócios e a equipe sobre a importância de respeitar a separação patrimonial e as implicações da Confusão Patrimonial.

MANTENDO A INTEGRIDADE E A SUSTENTABILIDADE

O Princípio da Entidade é a base da responsabilidade tributária dos sócios em empresas familiares. A Confusão Patrimonial ameaça essa base, podendo levar a sérias consequências legais e financeiras. Ao entender os riscos da Confusão Patrimonial e implementar estratégias para sua prevenção, as empresas familiares podem manter a integridade do Princípio da Entidade e garantir sua sustentabilidade a longo prazo, protegendo tanto os interesses dos sócios quanto os da empresa.

3 – Responsabilidade Tributária dos Sócios na Empresa Familiar

CONCEITO DE RESPONSABILIDADE TRIBUTÁRIA DOS SÓCIOS

A responsabilidade tributária dos sócios na empresa familiar é um tema relevante no direito tributário, pois trata da obrigação dos sócios de responderem pelos débitos fiscais da empresa. Nesse contexto, a legislação estabelece que os sócios podem ser responsabilizados pessoalmente pelos tributos devidos pela pessoa jurídica, mesmo que não tenham cometido qualquer infração fiscal.

RESPONSABILIDADE SOLIDÁRIA E SUBSIDIÁRIA DOS SÓCIOS

Existem duas formas principais de responsabilidade dos sócios: solidária e subsidiária. A responsabilidade solidária ocorre quando os sócios são considerados devedores solidários junto com a empresa, ou seja, cada sócio é corresponsável pelo pagamento integral do débito tributário.

Assim, a autoridade fiscal pode cobrar a dívida tanto da pessoa jurídica quanto dos sócios, podendo escolher qual dos devedores buscar para a satisfação do crédito tributário.

Já a responsabilidade subsidiária ocorre quando os sócios são acionados apenas após a cobrança frustrada da dívida junto à pessoa jurídica. Nesse caso, a autoridade fiscal deve esgotar todas as possibilidades de cobrança da empresa antes de acionar os sócios subsidiariamente. É importante ressaltar que a responsabilidade subsidiária pode ser limitada ao valor do patrimônio social dos sócios ou a um percentual definido por lei.

EXTENSÃO DA RESPONSABILIDADE DOS SÓCIOS EM RELAÇÃO ÀS DÍVIDAS TRIBUTÁRIAS

A responsabilidade dos sócios em relação às dívidas tributárias pode ser estendida além do montante principal do débito. Além do valor principal, os sócios podem ser acionados para o pagamento dos juros, multas e demais encargos tributários que incidem sobre a dívida. Isso significa que os sócios podem ser obrigados a arcar com o valor total devido pela empresa, incluindo as penalidades decorrentes do inadimplemento.

LIMITES E CONDIÇÕES PARA A RESPONSABILIZAÇÃO DOS SÓCIOS POR DÍVIDAS TRIBUTÁRIAS

A responsabilização dos sócios por dívidas tributárias está sujeita a certos limites e condições que visam proteger os direitos dos sócios e evitar abusos por parte da autoridade fiscal. Alguns dos principais limites e condições são:

FRAUDE OU SIMULAÇÃO

Os sócios podem ser responsabilizados quando utilizam a estrutura societária da empresa para realizar fraudes ou simulações com o objetivo de evitar o pagamento de tributos. Se ficar comprovada a má-fé e a intenção de lesar o Fisco, os sócios poderão ser responsabilizados pessoalmente pelos débitos tributários. É fundamental que a estrutura societária seja utilizada de forma legítima e não como instrumento para a prática de atos fraudulentos.

DESVIO DE FINALIDADE

A responsabilização dos sócios pode ocorrer quando estes utilizam a pessoa jurídica com a finalidade de realizar atos ilícitos ou prejudicar o cumprimento das obrigações tributárias. O desvio de finalidade ocorre quando a empresa é utilizada como instrumento para a prática de atividades ilícitas ou para evitar o pagamento de tributos. Nesses casos, os sócios podem ser responsabilizados pessoalmente pelas dívidas tributárias.

CONFUSÃO PATRIMONIAL

A confusão patrimonial é uma situação em que ocorre a mistura indiscriminada de patrimônio pessoal dos sócios com o patrimônio da empresa. Quando há confusão patrimonial, fica difícil distinguir o que pertence à pessoa jurídica e o que pertence aos sócios individualmente. Essa prática pode levar à responsabilização pessoal dos sócios pelos débitos tributários da empresa, uma vez que a separação entre o patrimônio pessoal e o da empresa é essencial para a limitação da responsabilidade dos sócios.

FALTA DE PAGAMENTO INTENCIONAL

A legislação tributária prevê a responsabilização dos sócios quando estes agem intencionalmente para deixar de pagar os tributos devidos pela empresa. Essa falta de pagamento intencional pode ocorrer por meio de manobras fraudulentas, como a ocultação de receitas ou a utilização de mecanismos para driblar as obrigações fiscais. É importante ressaltar que a mera inadimplência da empresa não configura automaticamente a responsabilização dos sócios, sendo necessária a comprovação de dolo ou fraude por parte destes.

DEFESA DOS SÓCIOS EM CASOS DE RESPONSABILIDADE TRIBUTÁRIA

Ações judiciais

Quando os sócios são acionados pela autoridade fiscal em virtude da responsabilidade tributária, é fundamental buscar a orientação de um advogado especializado em direito tributário para a defesa adequada dos interesses dos sócios.

O advogado poderá avaliar a situação específica e adotar as medidas necessárias para garantir a proteção dos direitos dos sócios, incluindo a possibilidade de ingressar com ações judiciais visando afastar ou limitar a responsabilidade tributária.

Excludentes de responsabilidade

Existem algumas situações em que os sócios podem se eximir da responsabilidade tributária, conhecidas como excludentes de responsabilidade. Essas excludentes podem variar de acordo com a legislação de cada país, mas geralmente incluem casos em que o débito tributário decorre de atos praticados exclusivamente por outros sócios, sem o envolvimento ou conhecimento dos demais. É importante ressaltar que cada caso deve ser analisado individualmente para verificar a possibilidade de aplicação das excludentes de responsabilidade.

4 – Planejamento Sucessório e Patrimonial

OBJETIVOS DO PLANEJAMENTO SUCESSÓRIO E PATRIMONIAL

O planejamento sucessório e patrimonial é uma importante ferramenta para a gestão adequada dos bens e negócios familiares, visando garantir a continuidade do patrimônio ao longo das gerações e evitar conflitos familiares. Além disso, o planejamento tem como objetivo minimizar a responsabilidade tributária dos sócios, buscando a adoção de estratégias legais que permitam uma gestão eficiente dos tributos e a proteção do patrimônio familiar.

ESTRATÉGIAS PARA EVITAR OU MINIMIZAR A RESPONSABILIDADE TRIBUTÁRIA DOS SÓCIOS

Estruturação societária adequada
Uma das estratégias mais comuns para evitar a responsabilidade tributária dos sócios é a adoção de uma estrutura societária adequada.

Isso envolve a seleção do tipo societário mais adequado, como a constituição de sociedades limitadas, sociedades por ações ou empresas individuais de responsabilidade limitada. A escolha correta da estrutura societária pode contribuir para a limitação da responsabilidade dos sócios em relação às dívidas tributárias da empresa familiar.

Utilização de holdings e empresas de administração de bens

A criação de holdings ou empresas de administração de bens pode ser uma estratégia eficaz para o planejamento sucessório e patrimonial. Essas entidades são constituídas com o propósito específico de gerir o patrimônio da família, separando-o do patrimônio empresarial. Dessa forma, os bens e ativos da família ficam protegidos em uma estrutura jurídica distinta, reduzindo a exposição dos sócios a eventuais dívidas tributárias da empresa.

Separação patrimonial entre os sócios e a empresa

A separação patrimonial entre os sócios e a empresa é uma medida importante para evitar a responsabilização pessoal dos sócios por dívidas tributárias. Essa separação deve ser efetiva e demonstrar que cada sócio possui um patrimônio distinto do patrimônio da empresa. Para isso, é recomendado manter contas bancárias separadas, evitar a utilização de recursos pessoais para custear despesas empresariais e manter uma escrituração contábil adequada, que evidencie a autonomia patrimonial dos sócios.

Pacto de não persecução patrimonial

O pacto de não persecução patrimonial é um instrumento contratual que visa estabelecer limites para a responsabilização patrimonial dos sócios em caso de dívidas tributárias. Esse pacto estabelece que, em determinadas situações, os bens particulares dos sócios não podem ser atingidos para o pagamento de dívidas da empresa. No entanto, é importante ressaltar que a validade e eficácia desse tipo de pacto podem variar de acordo com a legislação de cada país, devendo ser elaborado por um advogado especializado.

PLANEJAMENTO TRIBUTÁRIO NA EMPRESA FAMILIAR

Planejamento do regime tributário

O planejamento do regime tributário consiste na escolha do regime fiscal mais vantajoso para a empresa familiar.

Isso envolve a análise das opções de tributação disponíveis, como o Simples Nacional, o Lucro Presumido ou o Lucro Real, levando em consideração a atividade desenvolvida pela empresa, o faturamento, os custos e as projeções de crescimento. A correta escolha do regime tributário pode resultar em economia de impostos e redução da carga tributária.

Utilização de incentivos fiscais e benefícios legais
O planejamento tributário na empresa familiar pode se beneficiar da utilização de incentivos fiscais e benefícios legais oferecidos pelo sistema tributário. Isso inclui a identificação de regimes especiais de tributação, isenções, reduções de alíquotas e créditos tributários disponíveis para determinadas atividades econômicas. A correta análise e aproveitamento desses incentivos podem gerar economia de impostos e reduzir a responsabilidade tributária dos sócios.

Aproveitamento de créditos tributários
O aproveitamento de créditos tributários é outra estratégia importante no planejamento tributário da empresa familiar. Isso envolve a identificação e a utilização de créditos acumulados de tributos pagos a maior ou indevidamente. O correto mapeamento desses créditos e a sua compensação com outros débitos tributários podem resultar em economia de impostos e redução da carga tributária, diminuindo a responsabilidade dos sócios.

IMPORTÂNCIA DO ACOMPANHAMENTO E REVISÃO PERIÓDICA DO PLANEJAMENTO SUCESSÓRIO E PATRIMONIAL

É fundamental destacar a importância do acompanhamento e da revisão periódica do planejamento sucessório e patrimonial na empresa familiar. As leis e regulamentações tributárias estão sujeitas a constantes alterações, assim como a estrutura e as necessidades da empresa e da família podem evoluir ao longo do tempo. Portanto, é essencial realizar uma revisão regular do planejamento, buscando adaptá-lo às novas circunstâncias e garantir a sua eficácia contínua.

5 – Distribuição de Lucros e Responsabilidade Tributária

A distribuição de lucros em empresas familiares é uma prática comum para recompensar os sócios pelo investimento e pela participação no negócio. Contudo, essa distribuição pode ter implicações significativas na responsabilidade tributária dos sócios. Neste capítulo, examinaremos como a distribuição de lucros pode afetar a responsabilidade tributária, os critérios legais para evitar a simulação de distribuição e as estratégias para mitigar riscos

DISTRIBUIÇÃO DE LUCROS E IMPLICAÇÕES TRIBUTÁRIAS

A distribuição de lucros aos sócios é comumente tratada como isenta de tributação, uma vez que os lucros já foram tributados na esfera da empresa. No entanto, o processo pode se tornar complexo quando a distribuição é utilizada para fins de evasão fiscal, simulando uma diminuição dos lucros da empresa.

Isso levanta questões sobre a legalidade e a responsabilidade tributária dos sócios.

- **Natureza da Distribuição:** A distribuição de lucros genuína é uma forma legítima de recompensar os sócios por seus investimentos e participação nos resultados positivos da empresa.
- **Evasão Fiscal por Simulação:** A simulação de distribuição de lucros, com o intuito de reduzir indevidamente a carga tributária, é uma prática ilegal e sujeita a sanções.

CRITÉRIOS PARA DISTRIBUIÇÃO DE LUCROS LEGÍTIMA

Para evitar problemas tributários e litígios, a distribuição de lucros deve ser realizada de acordo com critérios legais estabelecidos. Esses critérios ajudam a distinguir entre distribuições legítimas e simulações fraudulentas.

- **Respeito às Normas Contábeis:** A distribuição de lucros deve ser respaldada por demonstrações financeiras precisas e transparentes, em conformidade com as normas contábeis.
- **Proporcionalidade às Participações:** A distribuição deve ser realizada de forma proporcional à participação de cada sócio no capital social.
- **Disponibilidade de Lucros:** A empresa deve ter lucros disponíveis para distribuição, considerando suas obrigações financeiras e investimentos.

ESTRATÉGIAS PARA MITIGAR RISCOS NA DISTRIBUIÇÃO DE LUCROS

A distribuição de lucros pode ser uma ferramenta legítima para otimizar a carga tributária dos sócios, desde que realizada de maneira transparente e respeitando a legislação. Para mitigar riscos e garantir conformidade tributária, algumas estratégias podem ser empregadas.

- **Planejamento Tributário:** Consultar profissionais especializados em planejamento tributário para garantir que a distribuição seja feita de forma legal e eficiente.
- **Documentação Adequada:** Manter registros claros e documentados sobre as decisões de distribuição de lucros, incluindo atas de reuniões societárias.

- **Transparência com a Receita:** Fornecer informações precisas e completas à Receita Federal em relação à distribuição de lucros e suas justificativas.
- **Revisão Regular:** Realizar revisões regulares da política de distribuição de lucros para garantir que esteja alinhada com a situação financeira da empresa.

DISTRIBUIÇÃO DE LUCROS RESPONSÁVEL E CONFORME A LEI

A distribuição de lucros é uma prática importante em empresas familiares, mas sua execução requer cautela e conformidade com a lei. A simulação de distribuição para evitar tributos é ilegal e pode levar a sérias consequências. Ao seguir critérios legais e adotar estratégias de mitigação de riscos, as empresas familiares podem garantir uma distribuição de lucros responsável, que recompense os sócios de maneira adequada, ao mesmo tempo em que respeita suas obrigações tributárias e mantém a conformidade com as regulamentações fiscais.

6 – Soluções Jurídicas e Administrativas para Possíveis Litígios

A responsabilidade tributária dos sócios de uma empresa é um tema complexo que pode levar a litígios. Para evitar ou resolver tais disputas, uma abordagem multifacetada envolvendo soluções jurídicas e administrativas é essencial. Abaixo estão tópicos relevantes:

1. PLANEJAMENTO TRIBUTÁRIO ADEQUADO:

- Identificação de Estrutura Societária: Escolha da estrutura societária que minimize a exposição dos sócios à responsabilidade tributária.
- Elaboração de Contrato Social: Inclusão de cláusulas claras que definam a responsabilidade tributária de cada sócio e as consequências em caso de inadimplência.

2. AUDITORIA TRIBUTÁRIA:

- Revisão Interna: Realização de auditorias regulares para identificar possíveis passivos tributários e evitar surpresas desagradáveis.
- Auditoria Externa: Contratação de auditorias independentes para garantir uma análise imparcial da situação fiscal da empresa.

3. MANUTENÇÃO DE REGISTROS PRECISOS:

- Documentação Adequada: Manutenção de registros contábeis e fiscais precisos, o que facilita a comprovação da responsabilidade tributária.
- Comprovação de Repartição de Lucros: Documentação que comprove a correta divisão de lucros entre os sócios, evitando questionamentos sobre distribuição disfarçada de salários.

4. DIFERENCIAÇÃO ENTRE PESSOA JURÍDICA E PESSOA FÍSICA:

- Princípio da Entidade: Reforço da distinção entre os patrimônios da empresa e dos sócios para evitar a penetração patrimonial.
- Proibição de Confusão Patrimonial: Estabelecimento de práticas que evitem a mistura indiscriminada de ativos pessoais e corporativos.

5. ACORDOS DE QUOTISTAS OU ACIONISTAS:

- Acordo de Sócios: Definição de regras sobre responsabilidade tributária dos sócios, procedimentos de resolução de disputas e possíveis medidas em caso de inadimplência.
- Cláusulas de Arras e Multas: Inclusão de cláusulas que estabeleçam penalidades em caso de descumprimento das obrigações tributárias.

6. MEDIDAS ADMINISTRATIVAS:

- Regularização Voluntária: Procedimento de autorregularização junto à Receita Federal para quitação de débitos fiscais em condições vantajosas.
- Parcelamento de Débitos: Negociação para parcelamento dos débitos tributários, aliviando a pressão financeira sobre os sócios.

7. ARBITRAGEM E MEDIAÇÃO:

- Resolução Alternativa de Disputas: Recorrer a processos de arbitragem ou mediação para resolver conflitos de maneira mais rápida e menos adversarial.

- Confidencialidade: Manutenção da privacidade das partes envolvidas, o que pode ser desejável em casos sensíveis.

8. ASSESSORIA JURÍDICA ESPECIALIZADA:
- Advogados Tributários: Contratação de advogados especializados em direito tributário para fornecer orientação e representação legal.
- Negociação com Órgãos Fiscais: Diálogo constante com a Receita Federal para encontrar soluções viáveis e evitar litígios.

9. ATUALIZAÇÃO E CAPACITAÇÃO:
- Conhecimento em Mudanças Legislativas: Manter-se atualizado sobre as mudanças nas leis tributárias para ajustar práticas e políticas da empresa.
- Treinamento Interno: Capacitar a equipe financeira para lidar com obrigações tributárias e manter a conformidade.

10. Seguro de Responsabilidade Civil:
- Seguro Tributário: Contratação de apólice de seguro que cubra eventuais passivos tributários, oferecendo proteção financeira aos sócios.

Uma abordagem holística, incorporando essas soluções jurídicas e administrativas, pode mitigar os litígios provenientes das relações de responsabilidade tributária dos sócios de uma empresa, promovendo uma gestão mais eficaz dos riscos fiscais. Entretanto, é sempre recomendável consultar profissionais especializados para avaliar a situação específica de cada caso.

7 – Conclusão

SÍNTESE DOS PRINCIPAIS PONTOS ABORDADOS

No decorrer deste conteúdo, discutimos a responsabilidade tributária dos sócios na empresa familiar, destacando os limites e as condições para sua responsabilização por dívidas tributárias. Exploramos conceitos como a responsabilidade solidária e subsidiária, bem como as situações que podem levar à responsabilização dos sócios, como fraude, desvio de finalidade, confusão patrimonial e falta de pagamento intencional.

Apresentamos também estratégias de defesa dos sócios, por meio de ações judiciais e alegação de excludentes de responsabilidade. Além disso, abordamos a importância do planejamento sucessório e patrimonial na empresa familiar como forma de evitar ou minimizar a responsabilidade tributária dos sócios.

No contexto do planejamento sucessório e patrimonial, discutimos os objetivos dessa prática, como a proteção do patrimônio familiar e a continuidade do negócio. Apresentamos estratégias para evitar a responsabilidade tributária dos sócios, como a estruturação societária adequada, a utilização de holdings e empresas de administração de bens, a separação patrimonial e o pacto de não persecução patrimonial. Destacamos também a importância do planejamento tributário, envolvendo a escolha do regime tributário mais vantajoso, a utilização de incentivos fiscais e benefícios legais, e o aproveitamento de créditos tributários.

IMPORTÂNCIA DA ASSESSORIA JURÍDICA ESPECIALIZADA

Diante da complexidade do sistema tributário e das especificidades do direito empresarial, é fundamental contar com a assessoria jurídica especializada em direito tributário ao lidar com questões relacionadas à responsabilidade tributária dos sócios na empresa familiar. Um advogado especializado pode auxiliar na estruturação adequada da empresa, na elaboração de contratos e pactos de não persecução patrimonial, na defesa dos sócios em casos de responsabilização e na realização de um planejamento tributário eficiente. A expertise desse profissional contribuirá para a tomada de decisões estratégicas e para a proteção dos interesses da família e da empresa.

RECOMENDAÇÕES FINAIS PARA MITIGAR A RESPONSABILIDADE TRIBUTÁRIA DOS SÓCIOS E GARANTIR A CONTINUIDADE DA EMPRESA FAMILIAR

Para mitigar a responsabilidade tributária dos sócios na empresa familiar e assegurar a continuidade do negócio, algumas recomendações finais podem ser adotadas:

- Buscar assessoria jurídica especializada: É fundamental contar com o auxílio de um advogado especializado em direito tributário para a estruturação societária, a elaboração de pactos de não persecução patrimonial e a implementação de um planejamento tributário adequado.
- Manter a separação patrimonial: É importante manter a separação entre o patrimônio dos sócios e o patrimônio da empresa, evitando a confusão patrimonial e demonstrando a autonomia dos bens.

- Realizar revisões periódicas: O planejamento sucessório e patrimonial deve ser revisado periodicamente, levando em consideração as mudanças na legislação tributária e as alterações nas circunstâncias da família e da empresa.
- Conhecer e cumprir as obrigações tributárias: É fundamental que a empresa esteja em dia com suas obrigações tributárias, realizando o pagamento correto dos tributos e cumprindo as exigências legais.
- Manter registros contábeis adequados: A empresa deve manter registros contábeis claros e precisos, que demonstrem a correta apuração dos tributos e a conformidade com a legislação fiscal.

Ao adotar essas recomendações, os sócios poderão mitigar os riscos de responsabilização tributária e garantir a continuidade do negócio familiar de forma segura e eficiente.

Em conclusão, a responsabilidade tributária dos sócios na empresa familiar é um tema complexo que exige atenção e planejamento adequados. A correta estruturação da empresa, aliada a um planejamento sucessório e patrimonial bem elaborado, é essencial para evitar ou minimizar a responsabilização dos sócios por dívidas tributárias. A assessoria jurídica especializada desempenha um papel fundamental nesse processo, proporcionando orientação legal e estratégica para proteger o patrimônio da família e garantir a continuidade do negócio. Ao seguir as recomendações apresentadas, os sócios poderão enfrentar os desafios tributários de forma assertiva, promovendo a segurança jurídica e o sucesso da empresa familiar a longo prazo.

8 – Bibliografia

GAIANO, Itamar. **Responsabilidade dos sócios na sociedade limitada**. Brasil: Editora Saraiva, 2005.

BARBOSA, Thalita Pereira. **Governança na empresa familiar: implementação e prática.** Werner Bornholdt. Porto Alegre: Editora Bookman, 2005. 182 p. ISBN: 85-363-0456-1.

SOUSA, Robson Pequeno de; **MOITA**, Filomena da M. C da S. C.; **CARVALHO**, Ana Beatriz Gomes. **Tecnologias digitais na educação**. Brasil: Editora da Universidade Estadual da Paraíba, 2011.

LAMBOY, Christian K de. **Manual De Compliance. Brasil**: Clube de Autores, 2018.

CALIENDO, Paulo. **Curso de Direito Tributário**. Saraiva Educação S.A., 2020

OIOLI, Erik Frederico. **Aspectos atuais do direito empresarial: estudos sobre direito do agronegócio, bancário, infraestrutura, mercado de capitais, societário e tributário.** N.p.: Editora Thoth, 2021.

TEIXEIRA, Tarcísio. **Direito empresarial sistematizado**. N.p.: Saraiva Educação S.A., 2021.

GONÇALVES, Carlos Roberto. **Direito Civil Brasileiro – Volume 6**. N.p.: Saraiva Educação S.A., 2021.

PAULSEN, Leandro. **Curso de Direito Tributário Completo**. Saraiva Jur; 14ª edição (5 fevereiro 2023).

CONTATO

 +55-81-99485-9069

 adv.alexandre.silva.22@gmail.com

 alexandre.silva.advocacia

 advalexandresilva